PANÉGYRIQUE

du Bienheureux

Jean-Baptiste DE LA SALLE

Prononcé dans la Primatiale de Lyon

LE 26 AVRIL 1888

Par Mgr Amand-Joseph Fava

ÉVÊQUE DE GRENOBLE

GRENOBLE

BARATIER ET DARDELET, IMPRIMEURS DE L'ÉVÊCHÉ

4, Grande-Rue, 4

1888

PANÉGYRIQUE

DU BIENHEUREUX

JEAN-BAPTISTE DE LA SALLE

PANÉGYRIQUE

DU BIENHEUREUX

Jean-Baptiste DE LA SALLE

PRONONCÉ

DANS LA PRIMATIALE DE LYON, LE 26 AVRIL 1888

PAR

Mgr Amand-Joseph FAVA

ÉVÊQUE DE GRENOBLE

GRENOBLE

BARATIER ET DARDELET, IMPRIMEURS DE L'ÉVÊCHÉ

4, Grande-Rue, 4

1888

PANÉGYRIQUE

DU BIENHEUREUX

Jean-Baptiste de la Salle

Hæc autem omnia operatur unus atque idem Spiritus, dividens singulis prout vult.

C'est un seul et même Esprit qui opère toutes ces choses, distribuant à chacun ses dons, selon qu'il lui plait. (I. *Cor.*, XII, 11.)

MESSEIGNEURS[1],
MES FRÈRES,

DEPUIS quelques jours, des foules immenses emplissent les nefs de ce vaste temple ; des chants mélodieux y retentissent à chaque instant du jour, et la prière jaillit de tous les cœurs, avec des cris de reconnaissance.

La parole de Dieu, pain sacré de l'âme, est distribuée avec abondance aux fidèles qui en ont faim, et qui le savourent avec bonheur ; les petits et les grands se pressent autour de

1. Mgr Foulon, archevêque de Lyon ; NN. SS. Mermillod, évêque de Lausanne et Genève, Hugonin, évêque de Bayeux.

cette chaire, d'où elle tombe comme une manne du ciel, et de cet autel, où Jésus Notre-Seigneur est assis sur son trône d'amour, pour y bénir ses enfants bien-aimés, montent vers notre Père du ciel, avec des nuages d'encens, les flots d'une prière unanime.

Le Pontife, père de la grande cité de Lyon, préside à toutes ces fêtes, les anime de sa présence et de sa voix, et autour de lui s'empressent les Membres du Chapitre, plus vénérables encore par leurs longs travaux et leurs mérites, que par leur grand âge et leurs cheveux blancs. Et l'on voit se mêler à eux des phalanges de prêtres et de jeunes lévites, les aidant dans leurs fonctions sacrées, tandis que des groupes d'enfants à la voix angélique entonnent, comme autrefois les anges dans le ciel de la Judée, des cantiques de gloire, où retentit le nom béni de *Jean-Baptiste*.

Quel est donc cet homme qu'on acclame devant les autels de Dieu ? Et comment est-il monté au faîte de la gloire, jusqu'à voir agenouillés à ses pieds, ses frères; que disons-nous ? ceux qui sont les premiers dans la société, les Princes de l'Eglise eux-mêmes ?

Un Vieillard, qui demeure à Rome depuis dix-neuf siècles, Pierre, a parlé. Il a prononcé le nom de Jean-Baptiste que nous chantons, et aussitôt l'univers catholique en a retenti de toutes parts. Ce nom a ému, en passant, toutes les capitales du monde, les villes et les bourgades ; les chars de feu ont décuplé leur vitesse pour le porter aux extrémités de la terre ; la foudre l'a pris sur ses ailes, les rivages les plus lointains ont tressailli au nom de Jean-Baptiste, et jusque dans sa hutte, le sauvage a pleuré de joie et de reconnaissance, en apprenant la gloire de celui qui fut le père de ces hommes à robe noire, dont la parole instruit ses enfants.

Spectacle admirable pour ceux qui croient ! Etrange pour l'incrédule !

Qui donc a fait tout cela ?

Hæc omnia operatur unus, atque idem Spiritus : C'est un seul et même Esprit, répondons-nous avec saint Paul, qui a fait toutes ces choses.

C'est Lui qui a sanctifié Jean-Baptiste de la Salle, dès sa plus tendre enfance ; qui lui a parlé au cœur, et lui a montré, dans une vision intime, le Christ Jésus lui ouvrant ses bras et son cœur et lui disant : Viens à moi... *Veni ad me.* C'est Lui qui l'a élevé aux nobles amours, quand le monde a passé et repassé sous son regard de vingt ans ; c'est Lui qui a orné son âme de toutes les vertus sacerdotales, qui l'a embrasé d'un zèle divin pour le salut de ses frères, d'une piété céleste pour l'enfance, tant aimée du Sauveur ; c'est Lui qui en a fait un saint sur la terre, et c'est Lui encore qui, par le Pontife romain, son PORTE-VOIX en ce monde, l'a proclamé Bienheureux, dans cette assemblée solennelle, où Pierre, une fois encore, a parlé au nom du Christ son Maître et son Dieu, aux applaudissements de la Ville et du monde entier.

Il nous paraît bon, mes Frères, de vous entretenir aujourd'hui, en même temps, du Saint-Esprit, qui a sanctifié Jean-Baptiste de la Salle, et de notre Bienheureux lui-même. Le voyageur aime à remonter les fleuves jusqu'à leur source, et l'esprit humain se plaît à chercher la cause des choses. A notre tour, nous demanderons à l'enseignement catholique de nous montrer la source de la sainteté, fleuve divin, dont la terre est inondée, et la cause de tous les prodiges dont nous allons évoquer la mémoire, en prononçant l'éloge de notre Bienheureux.

Nous dirons rapidement :

1° L'action du Saint-Esprit dans l'Eglise, en général ;
2° L'action du Saint-Esprit en notre Bienheureux ;
3° L'action du Saint-Esprit dans son Institut.

O divin Esprit ! qui saurait parler de Vous, qui êtes égal au Père et au Fils, si Vous ne l'éclairez Vous-même? O Esprit ! qui jaillissez de toute éternité tel qu'un torrent d'amour infini, de la volonté du Père, comme le Verbe, Lumière infinie, jaillit de son Intelligence, mettez sur mes lèvres des paroles de vérité et d'amour, afin que je puisse parler de Vous comme il convient, devant ce Pontife vénéré, qui a daigné nous appeler; devant ces vénérables Prélats, et ce noble auditoire tout rempli de vos saintes inspirations.

I

ACTION DU SAINT-ESPRIT DANS L'ÉGLISE EN GÉNÉRAL.

Saint Augustin, commentant le texte de saint Paul que nous avons cité dit : « De même que personne n'est sage, n'a l'entendement droit, n'excelle par le conseil et la force, n'est pieux avec science, ne sait avec piété, ne craint Dieu d'une crainte chaste, s'il n'a pas reçu le Saint Esprit, l'Esprit de sagesse et d'intelligence, de conseil et de force, de science, de piété et de crainte de Dieu ; de même que nul n'a une vertu véritable, une charité sincère, une continence religieuse, si ce n'est par l'Esprit de vertu, de charité, de continence, ainsi sans l'esprit de foi, nul ne peut croire, et sans l'esprit d'oraison, nul ne peut utilement prier. Ce ne sont pas là autant d'esprits différents, mais toutes ces choses sont l'œuvre d'un seul et même Esprit, qui les distribue à chacun selon qu'il le veut. » (*Lettres de saint Augustin*, 3e série).

Quand on lit les écrits inspirés des Pères de l'Eglise, on ne peut s'empêcher d'admirer l'amour qu'ils professent pour l'Esprit-Saint et leur insistance à toujours parler de Lui.

« Si le Saint-Esprit, dit saint Jean Chrysostôme, n'existait pas, nous ne pourrions pas dire que Jésus est Notre Seigneur : car nul ne peut dire que Jésus est Notre Seigneur, écrit saint Paul, sinon par le Saint-Esprit. (I *Cor*. XIII. 3). Si le Saint-Esprit n'existait pas, nous ne pourrions pas prier Dieu, nous fidèles. En effet, nous disons : *Notre Père, qui êtes aux cieux.* » Or, de même que nous ne pouvons pas appeler Notre Seigneur, de même nous ne pourrions appeler Dieu notre Père. Qui le prouve ? L'apôtre en disant : « Parce que vous êtes enfants, Dieu a envoyé daus vos cœurs l'Esprit de son Fils, qui crie : *Abba*, mon Père ! (*Galat*. IV, 6.) C'est pourquoi quand vous invoquez le Père, rappelez-vous qu'il a fallu que l'Esprit ait touché votre âme pour que vous fussiez jugés dignes d'appeler Dieu de ce nom. Si le Saint-Esprit n'existait pas, les discours de la sagesse et de la science ne seraient pas dans l'Eglise. Car l'Esprit a donné à l'un de parler avec sagesse, à l'autre de parler avec science. (I *Cor*. XII, 8.) Si le Saint-Esprit n'existait pas, il n'y aurait dans l'Eglise, ni pasteurs, ni docteurs, car c'est l'Esprit qui les fait, selon ce que dit saint Paul : « Soyez attentifs sur vous-mêmes et sur tout le troupeau dont le Saint-Esprit vous a établis évêques, afin de gouverner l'Eglise de Dieu, qu'il a acquise par son sang. » (*Act*. XX. 28.)

« Notre âme, disait encore ce prince de l'éloquence,

est plus légère, notre pensée plus prompte que l'oiseau du ciel, par sa nature. Que si, par surcroît, elle reçoit la grâce que donne l'Esprit-Saint, Dieu ! qu'elle devient vive, agile, capable de tout gravir, incapable de se porter en bas, surtout de tomber par terre ! Procurons-nous ces ailes merveilleuses. Grâce à elles, nous pourrons franchir l'océan tumultueux de ce monde. Les oiseaux les plus agiles passent au vol, sans se blesser, les monts et les précipices, les mers et les écueils : telle aussi est notre âme. Dès qu'elle est pourvue de ses ailes et qu'elle plane au-dessus des misères de la vie, rien ne peut plus la captiver. Elle est plus élevée que tout au monde, et même que les traits les plus enflammés du démon. » (Homélie, XXII — Pentecôte).

« La foi que les saints Apôtres nous ont transmise sur l'Esprit-Saint, dit Origène, c'est qu'il est égal au Père et au Fils, en honneur et en dignité. C'est lui, cet Esprit-Saint, qui a inspiré tous les saints, les Prophètes et les Apôtres ; c'est par lui que les livres sacrés ont été écrits. » (Voir Guillon, *Origène*).

Nous pourrions multiplier ces citations, et elles prouveraient que les Pères de l'Eglise étaient attentifs à signaler aux fidèles de leur temps l'action toute puissante et décisive du Saint-Esprit dans l'Eglise. En agissant ainsi, ils ne faisaient qu'obéir à Jésus-Christ et commenter ses paroles.

N'est-ce pas, en effet, ce divin Maître qui a dit lui-même : « Je prierai le Père, et il vous donnera un autre Paraclet, afin qu'il demeure toujours avec vous, *in æternum*, éternellement. » (*Jean* XIV. 16.)

Entendons cette promesse, qui a été réalisée divinement : elle assure à l'Eglise, l'épouse mystique du Sauveur, le don du Saint-Esprit lui-même, d'une manière permanente, comme on dirait : sans interruption, sans nulle solution de continuité.

Que fera-t-il dans l'Eglise ?

« L'Esprit de vérité, que le monde ne peut recevoir, parce qu'il ne le voit pas et qu'il ne le connaît pas, vous le connaîtrez, dit Jésus à ses Apôtres, parce qu'il sera en vous et demeurera avec vous. » (*Jean* XIV, 17.) Plus loin : « Le Paraclet, le Saint-Esprit que le Père enverra en mon nom vous suggérera tout ce que je vous ai dit : *Suggeret vobis omnia quæcumque dixero vobis.* » (*Jean* XIV, 26.) « Il rendra témoignage de moi. » (*Jean* XV, 26.)

Le Sauveur leur disait donc : Je vous donnerai mon Esprit pour vous éclairer et vous guider. Moi, je vous ai parlé, vous ne m'avez pas compris, vous avez oublié ma parole, qui s'est perdue dans le silence des montagnes, dans la solitude du temple et des synagogues : l'Esprit vous la rappellera pour que vous l'annonciez au monde ; il vous la suggérera, pour que vous puissiez l'écrire. « *Docebit vos omnem veritatem :* Il vous enseignera toute vérité. » Moi, j'aurai été méconnu, en glorifiant mon Père sans chercher ma propre gloire : *Ille me clarificabit :* C'est l'Esprit qui me glorifiera. » (*Jean* XVI, 13.) Ma croix, demeurée sur le Calvaire, il la fera resplendir sur le monde comme un signe d'honneur et de gloire ; mon sang, il le recueillera pour en composer un fleuve immense qui s'élancera, inondant la terre de vie et de joie.

Il fera retentir mon nom à tous les rivages : tous les peuples l'entendront, me béniront, m'aimeront, et je serai leur Sauveur : *Ille me clarificabit.* Et ce grand œuvre de la conversion et de la sanctification du monde, il l'opérera par vous ; car : « Vous recevrez la vertu de l'Esprit qui descendra sur vous et vous serez mes témoins à Jérusalem et dans toute la Judée et la Samarie, et jusqu'aux extrémités de la terre. » (Act. I, 8.)

On sait comment toutes ces promesses furent réalisées au jour de la Pentecôte et dans la suite : l'Esprit de Dieu prit réellement possession de l'Eglise, qui est le corps mystique de Jésus-Christ, et il en devint l'âme. « Si vous voulez recevoir l'Esprit-Saint, dit saint Augustin, écoutez-moi. On appelle âme l'esprit qui fait vivre les hommes, l'esprit dont vit chacun d'eux. Or, vous voyez ce que fait l'âme dans le corps; c'est elle qui donne la vie à tous les membres; elle voit dans les yeux, entend par les oreilles, flaire par le nez, parle avec la langue, travaille avec les mains et marche avec les pieds; elle est dans tous les membres pour leur communiquer la vie, et en communiquant la vie à tous, elle donne á chacun d'accomplir sa fonction particulière. Aussi n'est-ce pas l'œil qui entend, ni l'oreille ou la langue qui voit, ni l'oreille ou l'œil qui parle; tous ces organes vivent néanmoins; l'oreille vit comme la langue : les fonctions sont différentes, la vie est commune.

« Ainsi en est-il dans l'église de Dieu. Il est des saints en qui elle fait des miracles; il en est d'autres par qui elle annonce la vérité; dans ceux-ci, elle garde la virginité, dans ceux-là la pudeur conjugale; chacun d'eux a son don, sa fonction spéciale, mais tous ont la même vie. *Ce que l'âme est pour le corps humain, l'Esprit-Suint l'est pour le Corps du Christ ou l'Eglise; l'Esprit-Saint fait dans toute l'Eglise ce que fait l'âme dans tous les membres d'un même corps :* — Quod autem est anima corpori hominis, hoc est Spiritus Sanctus corpori Christi, quod est Ecclesia; hoc agit Spiritus Sanctus in tota Ecclesia, quod agit anima in omnibus membris unius corporis. — Voyez donc ce que vous avez à redouter, ce que vous avez à faire, ce que vous aurez à éviter. Quand on retranche dans le corps, plutôt du corps humain, un membre quelconque, la main, le doigt, le pied, est-ce que l'âme suit ce membre coupé ? Non, évidemment. Pendant qu'il restait uni au corps il vivait; coupé, il a perdu la vie. Ainsi en est-il de l'homme chrétien catholique : tant qu'il est dans le corps du Christ, il vit ; retranché de l'Eglise, il devient hérétique, l'Esprit-Saint ne suit pas le membre coupé. Si donc vous voulez vivre du Saint-Esprit, gardez la charité, aimez la vérité, tenez à l'unité, pour parvenir à l'éternité. Amen. » (Sermon 267°. *Pour la Pentecôte.*)

Vraiment, on tressaille de joie en entendant ces paroles, qui font éclater la vérité aux yeux des plus simples fidèles, et leur révèlent la constitution humano-divine de l'Eglise. Non, il n'y a pas seulement dans l'Eglise des hommes : le Pape les Evêques, les prêtres, les fidèles, il y a aussi l'Esprit-Saint. Tous ensemble, nous formons l'Eglise, et l'Esprit-Saint en est l'âme. Et de même que l'âme, en restant en nous, continue de nous maintenir dans la vie, l'Esprit de Dieu donné à l'Eglise pour tous les siècles, la rend immortelle; et puis, comme il est l'Esprit de vérité, il la lui suggère et la rend ainsi infaillible. De sorte que l'Eglise étant infaillible dans son enseignement, le catholique qui s'y soumet, est infaillible dans sa croyance.

Vous pouvez venir maintenant, empereurs, tyrans et bourreaux, et vous ruer sur l'Eglise du Christ, frapper à coups redoublés, faire tomber sous la hache, jeter aux flammes des buchers, aux ondes de la mer et des fleuves, dix, quinze millions de martyrs, vous ne détruirez pas l'Eglise, car vous ne sauriez atteindre son âme, qui est l'Esprit-Saint. Des flots de sang chrétien que vous faites couler, il forme d'autres chrétiens, qui connaissent, louent, aiment et chantent le Christ-Jésus.

Venez aussi, ô hérétiques, et semez à pleines mains vos erreurs mortelles contre le Verbe Incarné et l'Esprit, qui procède du Père et du Fils, et bientôt vous verrez l'Eglise se réunir en Concile et dire : *Visum est Spiritui Sancto et nobis* : Il a plu au Saint-Esprit et à nous de te condamner, ô Arius ; de flétrir ta doctrime, Macédonius ; de te confondre toi aussi, et de réduire à néant ton fol orgueil, ô Pélage ; de vous couper comme des membres gangrenés et de vous jeter dehors, vous tous sectaires, qui vous nourrissez du poison de l'erreur ; et puis sachez « que le membre amputé n'emporte pas avec lui le Saint-Esprit, *âme divine de l'Eglise ;* l'Esprit reste avec l'Eglise, épouse du Christ.

Lève-toi, Mahomet ; appelle sous ton étendard, rival de la croix, tes hordes indomptées, dont les coursiers font trembler la terre. Essaie à ton tour de détruire le christianisme, poursuis tes conquêtes : l'Esprit te permet de frapper, parce que « sans effusion de sang, il n'y a point de rémission pour le péché ; » (Heb. IX, 22) mais voici qu'il a choisi un homme parmi les Francs : Charles. De son cœur, il a fait un foyer d'amour ; de son bras armé pour défendre la croix, l'instrument qui écrase l'audace du Croissant; et des champs de Poitiers, le tombeau de tes hordes jusque-là victorieuses.

Ah ! Messieurs, l'Esprit, âme de l'Eglise, est un grand Capitaine. Il se montre tel qu'un guerrier invincible : *Quasi vir pugnator,* » disait Moïse. *(Exode* XV, 3.*)*

Et vous aussi, Vaudois et Albigeois, apparaissez ! et l'Esprit-Saint, après avoir montré à tous les yeux l'impureté de vos doctrines et la honte de votre vie, vous confondra à jamais.

Avouez, mes Frères, que durant ces quinze premiers siècles de l'ère chrétienne, l'Eglise a bien prouvé au monde que si, en elle, l'élément humain est faible de sa nature, par l'aide de l'esprit de Dieu, il sait mépriser la mort et cueillir la palme du martyre ; il sait échapper aux ruses de l'erreur, fouler aux pieds l'orgueil de la raison et s'humilier devant la Raison éternelle ; il sait affronter les combats et voler à travers terres et mers pour reconquérir le tombeau du Christ ; il sait s'élever aux plus hautes régions de la science, de la philosophie et de la théologie.

Quand le XIIIe siècle se ferma, le génie humain, éclairé par l'Eglise, avait jeté de toutes parts des flots de lumière ; l'humanité apparaissait noble et grande, en Europe, dont tous les peuples s'élevaient soumis à l'Eglise catholique, unis à Pierre, Vicaire du Christ-Jésus.

Gloire donc au Père qui « nous a aimés jusqu'à nous donner son Fils unique, *afin que celui qui croit en lui ne périsse pas, mais arrive à la vie éternelle !* » (*Jean* III, 16.)

Gloire au Fils, qui est descendu des cieux pour nous et notre salut, qui nous a donné sa parole, sa vie, ses sacrements, son Eglise avec son Esprit, qui nous a donné son auguste Mère !

Gloire au Saint-Esprit, qui a opéré dans le monde les prodiges de grâces qu'on y admire ; qui a inspiré les Prophètes, les Apôtres, les docteurs ; qui a suscité tous les saints, parmi lesquels, mes Frères, nous louons, chantons et acclamons le Bienheureux Jean-Baptiste de la Salle !

II

ACTION DE L'ESPRIT-SAINT EN JEAN-BAPTISTE DE LA SALLE.

Lorsque naquit notre Bienheureux, un grand combat venait d'être livré à l'Eglise.

Jusqu'au XVe siècle, cette Mère auguste était parvenue à garder une grande partie de l'Europe sous ses ailes maternelles. Alors Luther leva le drapeau de la révolte et ameuta contre elle l'indépendance naturelle à l'homme; l'indépendance, maladie qui a coulé dans les veines de l'humanité avec le sang du premier homme, souillé lui-même par sa désobéissance à Dieu.

Luther, esclave de ses passions, secoua le joug de la vertu, d'abord, puis celui de l'Eglise. Comme tous les hérésiarques, il se mit à la place de l'Esprit-Saint, et prétendit guider l'Eglise, la réformer, la façonner à sa manière, de telle sorte que les chrétiens, abandonnant cette divine Institutrice, n'auraient plus à écouter que leur propre esprit.

En résumé, Luther avait dit de l'Esprit de Dieu, comme les Juifs, de Jésus-Christ : Nous ne voulons pas qu'il règne sur nous : *Nolumus hunc regnare super nos (Luc* XIX, 14.)

Calvin, tirant une première conclusion de ce système appelé : *Libre examen*, nia la présence réelle de Notre-Seigneur Jésus-Christ dans l'Eucharistie.

En vertu de ce même système qui lâchait la bride à l'indépendance de l'esprit humain et faisait de la raison une souveraine, même en matière de religion, Lélius et Fauste Socin rejetèrent bientôt le dogme fondamental du christianisme, c'est-à-dire la divinité de Jésus-Christ, et, sans tarder, on vit plusieurs nations de l'Europe recevoir dans leur sein ces erreurs et rompre avec l'Eglise catholique, pour former ce qu'on appelle : *le protestantisme.*

Est-ce que l'Esprit-Saint, âme de l'Eglise, suivit tous ces membres retranchés par elle ? Non évidemment, il demeura avec cette divine Institutrice des hommes et continua de remplir sa mission avec elle, en suscitant une pléïade de saints et de grands hommes, appelés surtout à combattre l'erreur par l'instruction chrétienne.

Nous avons nommé, entre autres, saint Ignace de Loyola, fondateur de cette illustre Compagnie, qui fonda des collèges en Europe et dans le monde entier, avec un succès prodigieux; saint Vincent de Paul, dont les fils et les filles se répandirent aussi dans tout l'univers, avec mission d'instruire les peuples et de les gagner à Jésus-Christ; saint François de Sales, docteur de l'Eglise, qui valait à lui seul une armée d'apôtres; tous les grands écrivains et tous les orateurs sacrés du XVIIe siècle, en qui la foi égalait le génie; M. Olier, fondateur des Sulpiciens, et une foule d'autres qui virent le jour en France.

Jean-Baptiste de la Salle, né à Reims, le 30 avril 1651, d'une noble famille originaire du Béarn, fait partie de cette lignée de grands saints remplis de l'esprit de Dieu, et de ces hommes dévoués à la cause chrétienne et à leur patrie.

Défendre le règne de Jésus-Christ, le promouvoir en tous lieux, telle était la question qui s'agitait au XVIIe siècle, plus encore que dans les siècles passés, par ce motif que l'hérésie de Luther tendait à ruiner le magistère de l'Eglise, sans lequel Notre Seigneur ne peut être bien connu en ce monde.

Le fils de Louis de la Salle, conseiller du roi au présidial de Reims et de Nicole Moët du Brouillet fut préparé, dès ses

plus jeunes années, pour le grand rôle qu'il devait remplir dans l'Eglise de Dieu. Le baptême l'avait fait chrétien et la confirmation l'avait armé pour le combat en lui donnant l'Esprit-Saint avec toute l'abondance de ses grâces. Ses parents s'étaient empressés de lui assurer ces deux sacrements, sachant que Dieu veut habiter avec les enfants des hommes, et que seul, il peut tourner les âmes vers la vérité et la vertu, tandis que les parents et le prêtre lui parlent au dehors.

Il nous souvient, à ce sujet, qu'un jour ici, à l'archevêché, dans une réunion composée de nombreux Prélats, nous entendîmes le grand cardinal Pie s'élever avec une force vraiment inspirée contre ceux qui renvoient à un âge relativement avancé la réception de la confirmation, de telle façon que l'Esprit de lumière et de force ne vient à l'enfant que quand déjà ce petit, privé de son secours, a succombé sous les coups de l'ennemi acharné à la perte de l'enfance. Il faut se hâter de confirmer les enfants, disait ce grand théologien, d'accord avec l'Eglise, pour ne pas priver ceux qui meurent en bas âge du caractère qui fait le parfait chrétien. Il faut les confirmer, afin qu'à l'heure périlleuse où la passion consciente s'éveille avec la raison, ces petits soldats du Christ ne soient pas seuls, sans armes, sans les moyens de défense que le Seigneur leur a préparés. Ce voyant attribuait en partie à cette négligence, les malheurs dont souffre notre pays. Car on a dit avec raison qu'à dix ans, l'enfant a déjà pris sa voie, et que les impressions bonnes ou mauvaises de ses premières années ont en lui des conséquences durant toute sa vie.

Un grave historien, l'abbé Rohrbacher, a parlé de l'abbé de la Salle en ces termes : « Pour régénérer le genre humain, Dieu envoya les patriarches, les prophètes, enfin son propre Fils, qui se fit homme, qui se fit enfant, qui se fit pauvre afin de nous rendre vénérables les enfants et les pauvres... Pour régénérer la France, Dieu suscite un homme plein de l'Esprit de son Fils, un homme qui se fait enfant, qui se fait pauvre pour conserver à Dieu et à son Fils les petits enfants, surtout les enfants du pauvre. Cet homme est Jean-Baptiste de la Salle, né en 1651, mort en 1719. Il naquit à Reims, où son père était conseiller au présidial. Il était l'aîné de la famille. Il reçut au baptême le nom de Jean-Baptiste; sa vie fut innocente et pénitente comme celle de son saint patron. Dès sa plus tendre enfance, il donne des indices certains qu'il est né pour le ciel. Les saints noms de Jésus et de Marie sont les premiers qu'il prononce distinctement, et il paraît les prononcer avec affection. Sa mère, dont la piété égale la tendresse, s'applique à le former à la vertu... Sa piété dans les églises est celle d'un ange... Prévenu de tant de grâces, l'enfant commence de s'appliquer à l'étude des lettres humaines, d'abord à la maison, puis à l'université de Reims. Il est la joie de ses maîtres, qui le voient tous les jours croître en sagesse et en science. Ses parents espéraient qu'il serait le soutien de sa famille. Son père ne se proposait que d'en faire un honnête homme, un homme de probité, un magistrat intègre. Dieu le destinait à quelque chose de plus parfait, il écouta sa voix et y fut docile. Il déclara qu'il se croyait appelé à l'état ecclésiastique. Ses parents voyaient par là tous leurs projets renversés; mais, pleins de foi, ils consentirent généreusement à ce qui allait les détruire. Jean-Baptiste reçut leur consentement avec une joie et une reconnaissance très sensible. On le vit encore plus recueilli qu'auparavant; il redoubla ses prières. Il supplia la Sainte Vierge de le présenter elle-même à son Fils, et de lui obtenir la grâce d'être un digne ministre des autels. » (*Rohrbacher*, livre 88e.)

Notre historien dit ensuite comment le jeune de la Salle entra au Séminaire de Saint-Sulpice, d'où il revint pour gérer les affaires de sa famille après la mort de son père et de sa mère ; comment il fut fait prêtre à l'âge de vingt-sept ans et se lança bientôt dans la vie active.

On était alors à l'année 1678. Bossuet avait cinquante-un ans, il était dans toute la force de son génie et combattait l'erreur partout où il la rencontrait. C'était l'époque où le protestantisme cherchait à glisser dans le cœur de la France le poison de ses erreurs, avec l'astuce et l'acharnement que l'esprit mauvais sait inspirer à ses adeptes. Les Sociniens, qui se vantaient d'avoir tiré la dernière conséquence du *Libre-Examen*, adopté par la Réforme protestante, en niant la divinité de Jésus-Christ, travaillaient et minaient la société à la manière des taupes, *sicut talpa*, essayant de renverser le christianisme de fond en comble. Voilà donc manifestement, disait Bossuet, *cette cabale toute socinienne*, comme l'appelle M. Jurieu, *qui ne tendait pas à moins qu'à ruiner le christianisme;* la voilà, dis-je, fortifiée par le soutien qu'elle trouve dans les pays protestants, où les réfugiés de France ont été dispersés. « Les jeunes gens, dit notre ministre, venus « tout nouvellement de France, gros de la tolérance uni- « verselle de toutes les hérésies et de leur esprit de liber- « tinage, ont cru que c'était ici le vrai temps et le vrai « lieu d'en accoucher. » C'est ainsi que la jeunesse était élevée parmi nos prétendus réformés. Elle *était grosse* de l'indifférence des religions, et ce monstre, que les lois du royaume ne lui permettaient pas d'enfanter en France, a vu le jour aussitôt que cette jeunesse *libertine*, comme l'appelait M. Jurieu, a respiré en Hollande un air plus libre. » (6e *Avert. sur les lettres de M. Jurieu*, 8, VI.)

Que fallait-il opposer à *cette cabale toute socinienne,* qui reniait le Christ, et en parlait avec moins de respect que le Coran lui-même ?... *Des Ecoles chrétiennes,* et c'est là l'œuvre de Jean-Baptiste de la Salle, de ce jeune prêtre tout rempli de l'Esprit-Saint. Modeste comme Jésus, son divin Maître, il s'en allait dans sa voie, se laissant guider par l'Esprit de sagesse et d'intelligence, et toujours obéissant à ses inspirations. A peine eut-il mis la main à l'œuvre et vaincu les premières difficultés, épreuves ordinaires des entreprises divines, qu'aussitôt il jette à Paris et dans toute la France, des Ecoles chrétiennes qui apprendront aux enfants à connaître Notre Seigneur Jésus-Christ, à l'aimer, à le servir, en écoutant les leçons de notre Mère la Sainte Eglise.

Le saint Fondateur envoie deux Frères à Rome, comme pour offrir à la ville des Papes les prémices de son apostolat. Chartres, Calais, Troyes, Avignon, Dijon, Rouen, où il fonde le pensionnat de Saint-Yon, reçoivent les fils dévoués de Jean-Baptiste de la Salle ; Marseille les accueille avec ardeur, ainsi qu'Alais, Mende, Valréas, Grenoble.

Reims, le baptistère de la France, avait ses Frères des Ecoles chrétiennes, il convenait que Saint-Denis n'en fût point privé. Versailles les appelle à son tour ; Boulogne-sur-Mer, Moulins l'imitent ; l'école des Vans se fonde, un noviciat est institué à Marseille.

Cependant le zélé fondateur traverse la France sans cesse, pour visiter ces maisons ; encourager ses fils, réformer les abus, perfectionner le bien ; il passe et repasse dans ses Séminaires d'instituteurs et ses noviciats ; il aplanit les difficultés, subit mille épreuves et partout apparaît avec le sourire et la paix qu'inspire « la charité de Dieu répandue dans les âmes par le Saint-Esprit qui nous a été donné : *Charitas Dei diffusa est in cordibus nostris per Spiritum Sanctum qui datus est nobis.* » dit saint Paul. (Rom. 5-5.)

Il faudrait de longues heures pour raconter ces merveilleuses créations, avec les circonstances qui s'y rattachent : d'autres voix ont pris ce soin et l'ont fait avec éloquence, dans cette chaire, en France et partout où habitent les fils de notre Bienheureux, c'est-à-dire dans le monde entier.

Vraiment, Messieurs, est-il donné à un homme seul d'entreprendre et de mener à bonne fin des œuvres si multipliées, exigeant le concours de tant de personnes, des sacrifices si pénibles à l'amour-propre, si opposés à cette soif de jouissances qui dévore l'homme, surtout durant son ardente jeunesse ; des œuvres qui exigent une constance à toute épreuve, si méritoires et cependant souvent inconnues, quand elles ne sont pas dédaignées des uns et entravées par les autres ; qui froissent souvent les intérêts de ceux qui font métier d'instruire la jeunesse et la passion antireligieuse des sectaires, car Jean-Baptiste de la Salle n'a eu qu'un but : promouvoir le règne de Jésus-Christ dans le monde, et ses fils ont marché sur ses traces. Qui donc a fait toutes ces choses, impossibles à un homme ? C'est un seul et même Esprit qui les a opérées, l'Esprit de Dieu, en se servant de notre Bienheureux, instrument docile et humble. C'est ce même Esprit, qui donne à chacun ses grâces selon qu'il Lui plaît, inspirant les prophètes, les apôtres, les docteurs, les saints, les fondateurs d'ordres, de congrégations religieuses, tous combattant pour le Christ-Jésus, sous la direction de ce tout-puissant Capitaine, qui a été donné à l'Eglise, par le Verbe Incarné et son Père, et dont le Pape, Vicaire de Jésus-Christ, est l'organe journalier et infaillible.

Attibuer les œuvres dont nous parlons aux hommes seulement, c'est grandir sans raison la puissance humaine et refuser à Dieu la gloire qui lui est due.

C'est vrai, les hérésies se propagent aussi et ne manquent pas de porter leurs fruits ; elles ont leurs triomphes, tuent la foi catholique en certaines régions, qu'elles séparent de l'Eglise et de son auguste Chef, oui, nous l'avouons : mais aussi nous disons que ces fauteurs de schismes et d'hérésies ne sont pas seuls non plus ; au-dessus d'eux, il y quelqu'un qui les inspire, et c'est celui que Notre Seigneur lui-même appelait : *Princeps hujus mundi :* le prince de ce monde. (*Jean*, XII, 31.)

Car il a plu à notre Dieu de laisser aux anges déchus le pouvoir de tenter les hommes libres, pour éprouver et grandir leur vertu, et même de combattre contre son règne, donnant cours à leur profonde malice ; il lui a plu que ce monde fût un vaste champ de bataille, où l'Esprit-Saint, qui est l'Amour infini, lutte avec les soldats du Christ, contre l'esprit mauvais, Satan, le prince de la haine, entouré de ses compagnons de révolte, et suivi des créatures humaines qui se donnent à lui. Cela nous a été révélé par Jésus-Christ, redit avec autorité par les apôtres et enseigné par l'Eglise.

Prétendre que les esprits ne peuvent pas agir sur l'âme humaine, à leur manière, c'est se mettre en contradiction avec l'Evangile, avec l'enseignement catholique, avec la science et l'expérience ; car Dieu a permis que les matérialistes eux-mêmes fussent confondus par leurs propres actes, lesquels nous montrent des volontés agissant, parfois à de grandes distances, sur d'autres volontés, tant il est vrai que les esprits peuvent agir sur les esprits, et qu'il y a ici-bas autre chose que la matière inerte et insensible de sa nature.

En tout cas, les hérésies passent, ne laissant après elles que des ruines et des hontes, tandis que l'Eglise demeure, toujours jeune, toujours féconde. Voilà dix-neuf siècles qu'elle s'avance à travers le monde telle qu'une reine et une mère, avec ses fils et ses filles, phalanges innombrables qu'elle répand au sein des sociétés pour les éclairer et leur crier : *Sursum corda !* Jamais elle ne s'arrête dans sa marche ni dans son action : comme son divin Fondateur, *usque modo operatur ;* Elle agit toujours. (*Jean*, v, 17.)

Une génération de ses enfants ne s'est pas encore couchée dans la tombe, que déjà une autre lui est née par la vertu du Divin Esprit, pour combattre avec Lui, vivre et mourir dans l'amour et les bras du Christ-Jésus.

Ni l'erreur ne l'atteint, quand quelques-uns de ses membres se donnent à elle, ni le vice ne la souille, alors même qu'il pénètre dans le sanctuaire : elle coupe ces membres gangrenés, et les jette dehors, s'ils s'obstinent dans le mal, gardant toujours elle-même dans son sein l'Esprit de Dieu.

C'est pourquoi elle est sainte et infaillible ; elle est immortelle : l'Esprit, son âme, devant demeurer en elle, toujours, puisque Jésus le lui a donné pour toujours : *Ut maneat vobiscum in œternum.* (*Jean*, XIV, 16.)

Nous l'avons vue, cette royale et divine épouse de Jésus-Christ, passer les mers et aller planter sa tente sur les plages brûlantes de l'Afrique, de l'Afrique moderne, qui s'est prise à tressaillir de joie, au souvenir de son Augustin groupant, en concile, des centaines d'Evêques ; nous l'avons contemplée abordant aux rivages toujours printanniers des îles lointaines, aux côtes de l'immense Amérique, qu'elle éclaire par ses magnanimes Evêques, qu'elle civilise par ses missionnaires et ses religieux, qu'elle rend heureuse et libre ; nous l'avons vue à travers les océans : son vaisseau doublait le cap des tempêtes, et l'Orient étonné saluait avec amour ce pavillon, où brillait la Croix du Sauveur, cette Croix que les disciples du Christ avaient apprise à leurs ancêtres; et ce beau navire marchait, marchait toujours, laissant sur chaque rivage, des missionnaires heureux de consacrer leur existence au salut des sauvages, à la conversion de cet Orient, qui attire aujourd'hui l'Europe et ses enfants, et semble nous crier, comme l'homme de Macédoine à l'apôtre saint Paul : « Passez en Orient, et sauvez-nous. » (*Act.* XVI. 9.)

Qui arrêtera jamais ce vaisseau de l'Eglise, dont Pierre est le pilote; dont les Evêques, et les prêtres sous leur autorité, sont les officiers, qui a pour le servir les congrégations religieuses, où les fidèles, tous membres actifs, mettent la main à la manœuvre ; ce vaisseau dont les mâts gigantesques défient la tempête ? Il déploie ses voiles, et le souffle tout-puissant de l'Esprit-Saint aidant, il vogue à travers les orages, aborde à tous les pays et force la tourmente elle-même à le conduire au port. Non, il ne sera jamais donné aux hommes d'arrêter le vaisseau de l'Eglise : il porte la vérité divine, nécessaire à l'existence du monde : l'erreur passe, la vérité demeure éternellement : *Veritas Domini manet in æternum.* (*Ps.* 116, 12.)

En parlant ainsi de l'Eglise, ne taisons-nous point, par avance, l'histoire de l'Institut de Jean-Baptiste de la Salle, dont les fils ont été envoyés par cette auguste Mère, dans toutes les contrées de l'univers ?

L'année 1712 s'ouvrait, et c'était pour notre Bienheureux sa soixante-unième. Sa fin approchait, et Dieu commençait à lui faire sentir les approches de sa délivrance, en le sanctifiant par la souffrance. Car toute vie humaine, ne l'oublions pas, se compose d'amour et de douleur ; toute existence se passe à aimer quelque chose et à souffrir pour ce que l'on aime : il en est ainsi, que l'on soit païen ou chrétien.

Mais le chrétien élève son amour jusqu'à Dieu, ainsi que ses souffrances. Les âmes saintes sont celles qui aiment et savent souffrir héroïquement *propter Jesum* : à cause de Jésus.

Tel était notre Bienheureux ; tel, il est apparu, surtout, dans son affaire avec le malheureux abbé Clément, qui, un jour, expiera cruellement sa duplicité. On sait comment le fondateur des écoles chrétiennes céda aux instances de ce jeune ecclésiastique, plein de talent, fort bien apparenté et riche, pour fonder à Saint-Denis, de concert avec lui, une institution où l'on formerait des maîtres d'école pour la campagne ; on n'ignore pas non plus que quand le projet commença d'être mis à exécution, le père de l'abbé Clément, uni à son fils, intenta un procès à Jean-Baptiste de la Salle, où ce saint homme, malgré son innocence et à l'encontre de toute justice, fut condamné, après avoir été trahi par ses défenseurs eux-mêmes. La sentence lancée contre lui était affreuse : la maison ouverte à Saint-Denis et payée par lui était confisquée, et il y avait prise de corps contre lui. De sorte que si elle avait été exécutée, cet innocent eût été mis en prison. Quelle ressemblance avec Jésus, son Maître !

Hosannah et *Calvaire.*

Cette ressemblance ne tarda pas à se dessiner davantage,

et l'on peut résumer les dernières années de notre Bienheureux en deux mots : *Hosannah* et *Calavire.*

HOSANNAH !

L'Esprit-Saint a dit au Livre des Proverbes : *Gloriam præcedit humilitas; l'humilité précède la gloire.* (15-33.)

Cette loi de la Providence que l'on voit appliquée, même dans la marche des choses humaines, tant est grande la justice de Dieu, ne manque jamais d'avoir son cours dans l'Eglise, en général; dans les serviteurs de Dieu, en particulier.

En ce qui concerne notre héros, il accepta courageusement l'humiliation profonde qui lui arrivait, et mettant à profit cet avis de Notre Seigneur : *Quand on vous persécutera dans une ville, fuyez dans une autre* (S. Matth., x, 23); il s'éloigna de Paris, où il ne rencontrait qu'ennemis, et prit la route de la Provence.

Ses historiens racontent que sa marche fut d'abord un triomphe continuel.

« Il fut reçu, dit l'abbé Blain, par tous les Frères qu'il rencontra sur sa route, comme un père tendrement aimé de ses enfants. Tous essuyèrent ses larmes et soulagèrent son affliction, en la partageant, avec grande tendresse.

« Sur la fin du Carême 1712, il arriva à Avignon. Les Frères de la ville, ravis comme les autres de posséder leur supérieur, le retinrent chez eux le plus qu'il leur fut possible. C'est là qu'il se disposa à faire la visite de tous les établissements qu'il avait dans ces lieux. Les Frères en furent alarmés, car il y avait du danger pour lui à s'engager trop avant dans le pays, à cause des camisards qui tenaient la campagne et qui faisaient une guerre cruelle aux ecclésiastiques... Il fut inutile de lui représenter qu'il ne devait pas s'exposer; rien ne put ralentir son ardeur. Cependant, sous les ailes de la divine Providence, son voyage d'Avignon à Alais fut heureux et sans accident. »

Le grave et pieux historien que nous citons, raconte ensuite comment notre saint voyageur fut accueilli avec affection par l'Evêque d'Alais, comblé par lui et son peuple d'honneurs et d'attentions. A Gravières, on le reçut comme un ange du ciel; aux Vans, la joie de ses enfants fut à son comble, et la sienne aussi, en voyant qu'ils obtenaient par leurs travaux la conversion d'une foule de jeunes hérétiques; à Mende, il arriva exténué de fatigue et de froid; il visita l'Evêque, qui lui fit grande fête. Le saint fondateur, au milieu de ces triomphes que lui prodiguait la ville, de concert avec le Prélat, n'était sensible qu'aux louanges données au zèle et aux vertus de ses fils bien-aimés.

LE CALVAIRE

Ainsi la marche de Jean-Baptiste de la Salle avait été triomphale à travers le midi de la France; mais le *Tolle* allait succéder à l'*Hosannah*.

A Marseille, où il se rendit, tout sembla lui réussir, dès l'abord, et bientôt tout change d'aspect. Le noviciat qu'il y fonde s'écroule par l'insubordination des uns et la ruse des autres. Les jansénistes, toujours armés contre l'Eglise, et les Jésuites, qui défendent les saintes doctrines, essaient de tromper les Frères et leur digne supérieur, mais vainement. Alors leur apparente bienveillance se tourne en haine, et l'on voit paraître encore contre notre Bienheureux un libelle diffamatoire rempli de calomnies. Il y répondit avec force, toujours avec calme. N'importe, l'imposture fit son chemin et gagna de proche en proche, jusqu'à ébranler la confiance des Frères eux-mêmes, dont quelques-uns lui dirent « qu'il n'était venu en Provence que pour détruire. »

A Mende, où il se rendit alors, plusieurs d'entre les siens lui firent boire le calice d'amertume. C'est ainsi que commença la Passion du Sauveur Jésus, par une trahison et l'abandon des disciples.

Ah ! Messieurs, il faut que la souffrance soit bien noble aux yeux de Dieu, puisqu'il veut en couronner la carrière de son Fils et celle de ses meilleurs amis. Oui, elle est noble, parce qu'elle est le plus sûr témoignage de l'amour. Un sage ancien avait deviné cette grande loi de l'éternelle Sagesse, et il l'exprimait en disant : « Le plus beau spectacle qu'on puisse voir sur la terre, c'est le juste aux prises avec la douleur. » Le juste par excellence, c'est Jésus-Christ : notre Jean-Baptiste avait l'honneur de marcher sur ses traces.

Il allait partir pour Rome, lorsque Mgr Belzunce, évêque de Marseille, l'en dissuada. Le saint religieux se proposait d'aller verser dans le cœur du Vicaire de Jésus-Christ la tristesse de son âme et réclamer ses conseils ; sur l'avis du saint Prélat, il demeura au milieu de la mêlée, écoutant avec calme, quoique profondément ému, les craquements de l'édifice qu'il avait élevé avec tant d'amour et au prix de tant de labeurs et de larmes.

Jésus, à l'heure de sa cruelle agonie, se retira dans la grotte de Gethsémani pour y prier : le saint Fondateur des Frères alla s'ensevelir à Saint-Maximin, dans la grotte, témoin de la pénitence et des pieux gémissements de Madeleine, et il passa là quarante jours. Seul, Messieurs, l'homme est faible, impuissant, découragé ; il succombe. Dieu le permet pour le reconduire aux bords du néant d'où il l'a tiré, afin qu'il se souvienne qu'il n'est que poussière et qu'il retournera en poussière, et si ce malheureux crie du fond de sa misère vers Dieu, Dieu le relève encore plus haut qu'il ne l'avait abaissé. Si notre monde est couvert de tant d'entreprises effondrées, de ces ruines gigantesques et de ces débris dont les yeux et le cœur sont attristés, c'est parce que leurs auteurs sont restés seuls et n'ont pas recouru à Dieu. Paul disait : « *Omnia possum in eo qui me confortat :* Je puis tout avec Celui qui me fortifie ; et aussi : *Cum infirmor, tunc potens sum* : Quand je sens mon infirmité, alors je suis puissant. » (II Cor., XII, 10.)

Jean-Baptiste de la Salle savait cette doctrine et il la pratiquait ; aussi fut-il relevé bientôt de ses accablements, et son Institut, béni de Dieu, continua d'être la Providence des enfants du peuple.

Cependant le Père des Ecoles chrétiennes prit le chemin de Grenoble, où il séjourna longtemps, se cachant et voulant demeurer inconnu. Il sentait approcher sa fin que le Seigneur lui faisait pressentir. Quand la maladie ne le retenait pas, il passait, sans se nommer, à la Grande-Chartreuse, comme un pèlerin ordinaire : il se retirait sur la charmante colline de Parménie où, disent ses historiens, il conféra avec la célèbre sœur Louise. Elle ne savait ni lire ni écrire, mais elle avait pour maître l'Esprit-Saint lui-même qui la conduisait à Jésus-Christ. A Grenoble, il faisait humblement l'école, lorsque ses Frères de Paris obtinrent de lui qu'il revint dans cette ville, où il avait si cruellement souffert. Il y rentra avec l'attitude d'un inférieur.

Son but était de forcer ses Frères à se choisir un supérieur, dans leurs propres rangs, et non dans ceux du clergé. C'était là, sans nul doute, la cause de son éloignement prolongé. L'avenir, et le Saint-Siège, par ses décisions, ont montré qu'il avait raison, et que les opposants avaient tort.

Cependant, il ne put décider ses Frères à prendre immédiatement cette mesure, et force lui fut de rester supérieur, tout en se déchargeant de beaucoup d'affaires sur le Frère Barthélemy, qui avait dirigé l'Institut avec une grande sagesse pendant son absence.

La mort de Louis XIV, qui arriva en cette année 1715, fut amèrement pleurée par le saint Fondateur des Ecoles chrétiennes. Il sentit le coup terrible porté à la France par cet événement, et les tristes conséquences qu'il aurait pour la religion. C'est ce qui le détermina à renvoyer ses novices à Saint-Yon, où il se rendit lui-même avec eux pour les diriger; le pieux Frère Barthélemy redevenait alors novice pour profiter des leçons de ce vénérable Père. Dieu le préparait ainsi à devenir le supérieur de ses Frères. C'est ce qui arriva bientôt. Les principaux Frères Directeurs furent convoqués à Saint-Yon, et, dans une assemblée générale, élurent comme supérieur de l'Institut ce cher Frère Barthélemy, qui leur avait servi de père, depuis que le vénérable de la Salle avait quitté Paris.

Cependant le saint Fondateur dut reprendre le chemin de la capitale, pour s'y occuper des intérêts de l'Institut. Il ne tarda pas à revenir à Rouen, après avoir fait ses touchants adieux à ses Frères de Paris. Rentré à Saint-Yon, il ne songea plus qu'à se préparer à la mort, en donnant autour de lui des exemples continuels d'humilité, d'obéissance et de charité.

Chose étrange, que seule la sagesse de Dieu explique, Jean-Baptiste de la Salle trouvait dans la solitude, où il s'était enseveli, un Frère servant qui, tout en l'aimant, faisait son supplice. Les triomphateurs romains, quand ils montaient au Capitole, sur un char de gloire, pour y recevoir de suprêmes honneurs, avaient derrière eux un soldat qui leur criait : *Souviens-toi que tu es homme !* Le Frère servant en agissait ainsi avec notre Bienheureux, jusqu'à lui dire qu'on le nourrissait dans la maison par charité, en qualité de pauvre prêtre, qui n'était plus bon à rien... paroles dont ne put s'empêcher de rire le saint vieillard.

Au dehors, l'archevêque de Rouen, entraîné par son vicaire général, crut que notre Bienheureux s'était rendu coupable de mensonge et le condamna à en subir la peine par l'interdiction des fonctions du ministère. Le chanoine, avocat de l'innocence du saint, fut chargé de lui faire connaître la sentence. Il s'en abstint, car le saint était sur son lit de mort, sur sa croix, insulté comme son divin Maître, traité lui-même de menteur, pour avoir dit qu'il était le Fils de Dieu.

Après quelques alternatives de bien et de mal survenues dans sa santé, cet homme admirable, ce chrétien parfait, ce prêtre vraiment saint, ce bienfaiteur de l'humanité, cet ami de la jeunesse, ce héros du christianisme, reçut les sacrements de l'Eglise, ouvrit ses bras et son cœur à Jésus-Christ, qu'il avait aimé dès sa plus tendre enfance, dont il était devenu le ministre, puis l'apôtre infatigable ; à Jésus-Christ qu'il avait glorifié par lui-même et par ses fils, dans toute la France et jusqu'à Rome ; à Jésus-Christ, son Dieu, son Père, son Frère, son Ami, à qui seul était allé l'amour virginal de son cœur... De ce cœur tout rempli de la Divinité, il tira des accents, des mots célestes, qui attachèrent plus que jamais ses frères à la sainte Eglise romaine, à la vraie doctrine du Siège apostolique, à la pratique régulière de l'oraison et de la communion, à la dévotion envers la sainte Vierge et saint Joseph, à leurs devoirs d'Etat, ainsi qu'à l'obéissance et à la charité mutuelle, leur faisant remarquer que si l'obéissance aveugle aux supérieurs est la force d'une communauté, la charité en est le charme. Tous ses Frères présents se jetèrent à genoux. Le Frère Barthélemy le pria de les bénir. Les larmes et les sanglots disaient au mourant jusqu'où il était aimé. Il les bénit tous de sa main défaillante, présents et absents, et il eut encore la force de leur dire : « Si vous voulez vous conserver et mourir dans votre état, fuyez les gens du monde, sinon, peu à peu, vous prendrez leurs manières d'agir, et ne pourrez vous empêcher d'applaudir à leurs discours, quoique très pernicieux, et bientôt vous tomberez dans l'infidélité... » Une sueur froide le saisit alors, il entra en agonie, répéta plusieurs fois le saint nom de Marie... Ses dernières paroles furent : *J'adore en toutes choses la conduite de Dieu à mon égard.* C'était le jour du Vendredi-Saint.

A trois heures du matin, il retomba dans l'agonie qui avait cessé un moment. Les agitations qu'elle lui causa n'empêchèrent pas d'apercevoir sur son visage un air tranquille et assuré. Enfin, sur les quatre heures, il fit un effort comme pour se lever et aller au-devant de quelqu'un : il joignit les mains, leva les yeux au ciel, et puis expira. Il avait soixante-huit ans.

Ainsi mourut le Fondateur des écoles chrétiennes, image fidèle de Jésus-Christ, l'Idéal divin des hommes. Comme cet adorable Maître, il apparut plein de bénignité, de simplicité et de modestie, aimant les enfants, les pauvres et les pécheurs; admiré des bons, poursuivi par les hypocrites et condamné par les aveugles ; il a passé en faisant le bien; il est mort sur la croix, et le peuple, d'un mot, a fait son oraison funèbre en criant à travers les rues de Rouen : *Le saint est mort, le saint est mort !*

Cette voix du peuple a retenti à travers le monde ; grands et petits, savants et ignorants, y ont fait écho, et voici que l'Eglise, par la voix de Léon XIII, a sanctionné tous ces jugements, en proclamant Jean-Baptiste de la Salle, *Bienheureux*.

Gloire donc au Bienheureux Fondateur des Ecoles chrétiennes ! Gloire à l'Esprit sanctificateur des âmes, dont il fut l'humble et généreux instrument !

III

L'ACTION DU SAINT-ESPRIT DANS L'INSTITUT.

Un illustre général thébain, frappé dans le combat d'une blessure mortelle, mais apprenant que l'ennemi était en déroute, s'écria : « J'ai assez vécu, puisque je meurs sans avoir été vaincu. » Comme on regrettait qu'il n'eût pas de postérité : « Je laisse, dit-il, deux filles immortelles, Leuctres et Mantinée. » Ces deux filles étaient deux victoires, et leur père s'appelait Epaminondas.

Les saints meurent plus simplement, et leur postérité est autre que des succès rougis par le sang des batailles.

La postérité du Bienheureux de La Salle, la voici noblement représentée. Elle comble le monde de ses bienfaits, depuis bientôt deux siècles. Comme son saint fondateur, elle est remplie de l'Esprit de Dieu, et on la voit marcher côte à côte avec la postérité d'Ignace de Loyola ; ceux-ci instruisant la classe élevée, ceux-là le peuple, avec un zèle inspiré du ciel, applaudi des bons, redouté des méchants, béni par la sainte Eglise, notre Mère.

Pendant vingt ans, il nous a été donné de voir à l'œuvre ces deux Instituts, et de nous mêler à leurs travaux de chaque jour, à l'Ile Bourbon, à Maurice, à Madagascar et ailleurs, dans l'Océan indien ; en Asie, en Europe, partout où la divine Province a guidé nos pas.

A l'Ile Bourbon, tandis que la jeunesse créole puisait chez les Jésuites une instruction chrétienne qui la plaçait à la hauteur des élèves des meilleurs collèges de France, la classe populaire se façonnait si bien chez les Frères, qu'à part la couleur, elle marchait l'égale de nos Français. Comme ceux-ci, le fils de l'ouvrier, à Bourbon, devenait apte à entrer dans les diverses carrières, même celle du barreau quand, à l'âge de quinze ans, quelqu'un voulait bien se charger des frais de ses études. Nous avons vu de ces jeunes gens, par milliers, se faire un avenir parfois brillant. C'est que les Frères des Ecoles chrétiennes, comme les Jésuites, font de l'instruction, non une fin, mais un moyen devant servir à parfaire l'éducation, vrai trésor de l'homme, en haut comme en bas, et qu'elle que soit sa position dans la société.

Que peut, en effet, produire l'instruction sans l'éducation ? Répondez vous-mêmes, Messieurs : voudriez-vous de ces jeunes hommes dans vos bureaux ? les feriez-vous entrer sous votre toit pour être vos gendres ? seriez-vous fiers d'être appelés leurs pères ? Non, les connaissant, vous les écarteriez de votre maison et de votre commerce.

Plus d'une fois, nous nous sommes trouvé auprès de ces jeunes gens, à leur lit de mort. Une maladie, comme il s'en rencontre dans ces climats brûlants, les emportait à la fleur de l'âge. Eh bien ! ces jeunes hommes, qui parfois avaient payé le tribut aux passions de leur âge, se préparaient à paraître devant Dieu, avec d'admirables dispositions de foi et de piété, pourquoi ? parce qu'ils avaient été mis, pendant leurs années d'étude, en contact avec les chers Frères et les choses de la religion.

Ceux qui prennent un plaisir satanique à voir mourir leurs semblables sans prêtre et sans Dieu, sont logiques, quand ils éloignent les Frères des Ecoles chrétiennes de la jeunesse ; mais aussi, ils sont cruels et impies.

Il nous souvieut que daus des épidémies qui emportaient des milliers et des milliers de personnes à Bourbon et à l'île Maurice, nous avions recours aux chers Frères pour former des ambulances. Rien ne les arrêtait : ni choléra, ni varioles confluentes, ni fièvres pernicieuses. Nos gouverneurs le savaient bien, aussi à l'heure du danger, tournaient-ils leurs regards vers ces vaillants religieux.

Avec eux, nous avions formé des associations ouvrières, sous le nom de : *Société de Saint-François-Xavier*, qui était unique pour toute la colonie, mais divisée en groupes par chaque paroisse. Celui de Saint-Denis, capitale de l'île, avait de mille à douze cents membres. C'étaient les chers Frères, qui, de concert avec nous, s'occupaient des intérêts de ces ouvriers chrétiens, tant au temporel qu'au spirituel. Le règlement de la société favorisait leur persévérance dans la vertu et les assurait, ainsi que leurs familles, contre la misère.

Qu'ils étaient heureux, ces braves sociétaires, lorsque, le dimanche venu, ils se retrouvaient dans la chapelle et les vastes cours des Frères ! Qu'ils étaient fiers, quand au milieu des processions, ils déployaient leur bannière du grand apôtre des Indes, et leurs deux lignes de cinq cents hommes aux franches allures et de noble attitude ! Qu'ils étaient joyeux lorsque le Gouverneur et les administrateurs de l'île faisaient appel à leur dévouement pour soigner les malades, durant les épidémies, ou bien pour se lancer au milieu des tempêtes, sur des canots de sauvetage, afin d'arracher de pauvres naufragés à une mort certaine ! Alors les jeunes gens disaient aux pères de famille : Ça, c'est notre affaire. Si nous mourons, nous ne laisserons ni veuves ni orphelins, et ils s'élançaient, forts comme des chrétiens, gais comme des Français ; ainsi les chers Frères les avaient façonnés.

Messieurs, nous ne parlons pas seulement pour ces îles lointaines, mais pour la France, pour l'Europe, pour le monde entier, puisque l'Institut du Bienheureux de la Salle compte maintenant nombre de ses membres dans toutes les régions de la terre, arrivant au chiffre de 12,000 environ, 3,000 novices, 300,000 élèves, et qu'il est le même partout.

Quelle belle postérité ! Paris l'a vue telle que nous venons de la peindre, en ces jours néfastes, où les chers Frères, devenus brancardiers, s'en allaient avec une héroïque simplicité, ramasser les morts et les mourants, au milieu des balles prussiennes et des obus qui éclataient autour d'eux ; qui les frappaient parfois et les couchaient à côté des blessés ; qui les couronnaient de l'auréole des martyrs.

Et toi, noble cité de Lyon, faut-il te parler de ces héros, plus grands encore dans leurs humbles labeurs de chaque jour que sur les champs de bataille ? Tu les accueillis, au sortir de la grande Révolution, comme des sauveurs, et avec ta vieille foi, tu leur confias tes enfants. Ils le méritaient bien. N'avaient-ils pas gardé, depuis la mort de leur saint Fondateur, l'esprit de leur Père, qui n'est pas autre que l'Esprit de Dieu ? N'avaient-ils pas aussi offert leur part de sang sur la guillotine, transformée alors en autel ? N'avaient-ils pas montré avec une vaillance connue, leur fidélité à la sainte Eglise, à sa doctrine, à son auguste Chef ?

Il nous est doux, mes Frères, d'évoquer tous ces souvenirs du passé ; plus doux encore nous serait-il de dire le présent. Mais déjà nous avons oublié la loi qui règle le temps des discours publics, et c'est pour nous un devoir, Messeigneurs et Messieurs, d'implorer votre indulgence.

Nous ne saurions, toutefois, descendre de cette chaire, sans tourner nos regards vers vous, dignes Enfants du Bienheureux de la Salle, pour vous dire : « *Noblesse oblige.* »

Noblesse oblige. — Marchez donc toujours sur les traces de votre Père. Votre Père est un saint, puisque l'Eglise vient de le placer au rang des Bienheureux... Soyez donc saints comme votre auguste Fondateur est saint.

Noblesse oblige. — Votre Père a été choisi par le Saint-Esprit pour glorifier Jésus-Christ, combattre l'erreur, préparer à Dieu des générations chrétiennes ; et vous aussi remettez-vous aux mains de l'Esprit de Dieu pour continuer, durant toute votre vie, l'œuvre de votre saint Fondateur.

Noblesse oblige. — Le monde a subi, sans le vouloir peut-être, les atteintes du *Libre-Examen* ; il s'est éloigné de l'Eglise, de son enseignement, de sa maternelle direction, pour suivre l'indépendance de la raison humaine. Or, en répudiant son magistère infaillible, il répudie du même coup l'Esprit-Saint, *Ame de l'Eglise.* Par là même, il se jette en aveugle aux abîmes. Apprenez-lui donc à ce monde ignorant, qu'en se séparant de l'Eglise, il a fui la seule institutrice autorisée du ciel, la seule infaillible qu'il y ait en ce monde ; il a fermé l'oreille par là même à l'Esprit de vérité ; renié Jésus-Christ, que l'on ne connaît bien que par Lui ; et, finalement, méconnu le vrai Dieu, à qui l'on ne va que par le Verbe-Incarné : *Nemo venit ad Patrem nisi per me*, a dit Jésus-Christ. (*Jean*, XIV, 16.)

Noblesse oblige. — Votre Père, ô bien-aimés Frères, a su aimer et souffrir... Aimer Dieu, travailler et souffrir héroïquement pour Dieu, avec calme, force et joie : imitez-le. Il a été le père et l'ami des enfants du peuple : suivez son exemple. Il a aimé la France, sa patrie, alors qu'il y était persécuté ! aimez-la, vous aussi, qui rencontrez souvent sur vos pas haine et ingratitude, et Dieu vous tressera des couronnes, comme l'Eglise élève des autels à votre saint Fondateur. Par votre charité et vos souffrances, vous contribuerez au salut de notre bien-aimée France, après avoir glorifié Dieu et son Christ, avec la grâce de l'Esprit-Saint, sanctificateur des âmes.

MESSEIGNEURS,

Qu'il vous plaise bénir l'Institut des Frères du Bienheureux de la Salle, ainsi que cette immense et pieuse assemblée.

GRENOBLE, BARATIER ET DARDELET, IMPRIMEURS DE L'ÉVÊCHÉ

www.ingramcontent.com/pod-product-compliance
Ingram Content Group UK Ltd.
Pitfield, Milton Keynes, MK11 3LW, UK
UKHW021956260726
13994UKWH00004B/1777